おしゃれな着物の
髪型カタログ

監修＝EMBELLIR 鈴木富美子

世界文化社

contents

着物を着る日の髪型シミュレーション………3
シーン別スタイルリスト………4

6 結婚式の日
フォーマルメイク………19

20 パーティーの日
パーティーメイク………34

36 子供の行事の日
ママ style ………38
七五三 style ………42
卒業式 style ………46

50 おしゃれをする日
30代……50／40-50代……54／60代……58
年齢別 着物メイクのポイント……62

66 口切り・初釜の日
茶会の日のメイク………71

72 振袖を着る日

84 夏の日の髪型
夏の日のメイク………91

92 気軽なおでかけの日のセルフアレンジ
世代別 浴衣を着る日のセルフアレンジ………102

撮影協力店リスト………112

本書に掲載されている商品の価格は、2019年3月15日現在のものです。価格等は諸事情により変更されることがあります。

着物を着る日の
髪型シミュレーション

着物姿はヘアメイクで決まると言っても過言ではありません。
美容院では着物の種類と着ていく場所、
立場を伝えた上で、なりたいイメージを伝えます。

1 どこへ行くのか、なにを着ていくのか

着物の髪型は、フォーマル度が高まるほど大きく作るのが一般的ですが、大切なのは着物と場所とのバランスです。訪問着や留袖など重みのある着物であれば髪型も大きめに作ったほうが調和が取れますし、逆にカジュアルな着物であればコンパクトなほうがさり気なく着物を装うことができます。また会場の広さや天井の高さも髪型のボリュームの目安になります。

ハイウエイトアップ
あごから斜め45度上にボリュームを出したスタイル。毛先や毛流れに動きを出すと、若々しい印象に。

ミドルウエイト
鼻から後頭部へ平行にボリュームを出したスタイル。華美になりすぎず、大人っぽい落ち着いた印象に。

ローウエイト
おでこから斜め45度下にボリュームを出したスタイル。大人っぽくしっとりとした印象に。大きく作ると艶やかに。

2 どんなイメージになりたいか

もっとも印象を左右するのはウエイトの位置です。ベースが同じでも、どこにボリュームを出すかによって、可愛い雰囲気から落ち着いた雰囲気までイメージが変わります。まずは「清楚に」や「艶やかに」など自分がどんなふうになりたいかをイメージしてみましょう。

セルフアレンジ

カジュアルに装いたい日や浴衣を着る日はセルフアレンジに挑戦してみましょう。大切なのはスタイリング前の下準備。必ずホットカーラーまたはコテで巻き、ワックスをつけてブラッシングします。このひと手間で自然なカールが生まれ、劇的にスタイリングがしやすくなります。

step 1 **巻く**
ホットカーラーまたはコテで全体を巻きます。スタイルに応じて前髪や衿足は巻かないことも。

step 2 **ワックス**
指の第一関節分を目安に長さに応じてクリームワックスを手のひらになじませて、全体にもみこみます。

step 3 **ブラッシング**
ブラッシングしてワックスを全体に行き渡らせます。カール感をより生かしたい場合はとかしすぎないようにします。

シーン別
スタイルリスト

結婚式の日

パーティーの日

おしゃれをする日

子供の行事の日

本書では8つのシチュエーションに分けて、髪型を紹介しています。
着物を着ていく日が決まったら作ってみたい髪型を見つけてみましょう。

口切り・初釜の日

p.66-67　　p.68

p.69　　p.70

振袖を着る日

p.72-75　　p.76-77　　p.78-79　　p.80

p.81　　p.82-83

夏の日

p.84-87　　p.88

p.89　　p.90

気軽なおでかけの日

p.92-93　　p.94-95　　p.96-97　　p.98-99

p.100-101　　p.102-103　　p.103　　p.104-105

p.106-107　　p.108-109　　p.110-111

結婚式の日
Wedding

華美になりすぎないよう、毛流れや面の美しさで品よくまとめます。髪型を決める目安のひとつに会場の規模が挙げられます。会場が広く天井の高いホテルと、こぢんまりとしたレストランでのウエディングでは、髪型のボリュームも変えたほうがいいでしょう。着物の雰囲気と式場、立場を美容師に伝えてからスタイルを決めることが大切です。

所要時間 約30分	クリップで作る **デコラティブフィンガーウエーブ**
難易度 ★★★	ベースはシンプルな夜会巻き。トップの毛束にクリップでフィンガーウエーブを作ることで、より華やかな印象に。やわらかさを残すようハードスプレーではなくワックススプレーを使います。

着物・重ね衿／きものワールド　帯・小物／私物　髪飾り／かづら清老舗　モデル／西井 蘭　担当／鈴木富美子

base

中央に根を作り、左サイドと左バックサイドの毛束を根に合わせます。右サイドと右バックサイドの毛束をすき毛に巻き込み、夜会巻きを作ります。

advice

夜会巻きのトップにできたすき間は毛先で埋めてしまいましょう。

1　にんじん形すき毛は右側だけをピニングし、すき毛に毛束を巻き込みます。表面に出たすき毛はほかの毛束の毛先で隠します。

2　ウエーブを作りたいラインを決めたら髪をウエーブクリップで挟み、フィンガーウエーブを作ります。

結婚式の日

所要時間 約20分	# メリハリをつけることでスタイリッシュなデザインに
難易度 ★★	ボリュームとタイトを組み合わせてメリハリを出して。トップに高さを出す分、シニヨンをコンパクトにまとめてスタイリッシュに仕上げます。耳隠しで、女性らしいやわらかさがプラスされます。

着物／きものやまと　帯／三松　小物／私物　髪飾り／コレットマルーフ　モデル／伊藤 玲　担当／宮本菜見子

base
中央に根を作り、サイドは耳隠しで根に合わせ、十分に逆毛を立てたトップを根にかぶせます。

1 耳隠しは女性らしさと落ち着いた雰囲気を演出できます。

2 ステムをマックスに倒して、根元から3cmくらいに逆毛を立ててしっかりとボリュームを出します。

3 三つ編みにするとボリュームが出てしまうので、きつめにツイストしてからシニヨンをコンパクトに作ります。

所要時間	
約25分	
難易度	
★★	

人差し指で作る**豊かな毛流れ**

長めのボブでもできるサイドアップスタイル。指を使って大きな毛流れを作ります。
まげの面が割れないよう、十分に逆毛を立てることが大切です。

着物・帯／きものワールド　小物／私物　髪飾り／かづら清老舗　モデル／阿部純子　担当／宮本菜見子

base

フロントサイドはヘビーサイドで分け、ライトサイドは耳裏から1cmほどオーバーに分けます。バックはヘビーサイド側に寄せてひと結びし、まげを作ります。

1
まげにする毛束は、すき毛に巻き付ける前に、3パートくらいに分けて逆毛を立てます。2番目、3番目は表と裏にしっかりと逆毛を立てます。

2
ヘビーサイドの毛束は、指でワンクッションおいて毛流れを作りながら、まげに合わせます。まげのすき間を隠すよう沿わせます。

結婚式の日

所要時間 約35分	# 毛先の処理と毛流れで**デザイン性アップ**
難易度 ★★★★	スタイリング前のホットカーラーでできた自然なカールを生かして、エレガントなラインを表現。ここでは毛先の処理と毛流れの作り方を解説します。

着物・帯／きものワールド　小物　私物　髪飾り／かづら清老舗　モデル／浅井香葉子　担当／鈴木富美子

base

中央に根を作り、両サイドを根に合わせてすき毛をのせ、バックを一束にしてすき毛の上に持ち上げて、トップをかぶせ下ろします。

1 指の腹を使い、流したい方向に毛先を運んで毛流れを作ります。スタイリング前のホットカーラーとワックスをきちんとしておくことが大切です。

2 出したい毛流れをオニピンで仮どめしてから本番のアメピンをさすと、毛流れを崩さずにきれいにピニングができます。

所要時間	
約15分	
難易度	
★★	

手ぐしで仕上げる ショートアレンジ

巻いたあとに、しっかりと冷ましてから崩すのがポイントです。ブラシは使わず手ぐしで仕上げます。ここでは32mmのコテを使っています。巻く前にブローローションをつけるとよりきれいな仕上がりに。

着物／三松　帯・小物／私物　髪飾り／かづら清老舗　モデル／今井幸子　担当／宮本菜見子

base

頭皮に対して90度平巻きに巻き、シングルピンで固定して冷めるのを待ちます。

1 手ぐしで振るようにして崩すと、ボリュームのある仕上がりに。

2 サイドはタイトにまとめることでメリハリのあるスタイルに。ショートの場合、髪飾りの土台にもなります。

結婚式の日

所要時間 約10分	# 毛先まで逆毛を立てて しっかりボリュームアップ
難易度 ★	留袖を着る日はショートヘアでもたっぷりとしたボリュームを出すことでバランスのよい素敵な着姿になります。逆毛を駆使して、華やかなボリュームショートを作ります。

着物・帯・小物／きものワールド　モデル／大戸尚美　担当／髙橋亜季

1
アップステムに毛束を倒して、しっかりと逆毛を立てます。毛量の少ない場合は、内側のスライスは表と裏にも逆毛を立てます。

2
ボリュームと毛流れが作れたら、毛先にも逆毛を立ててボリュームを出すとともに、毛流れをキープさせます。

3
ブラシの先端を使い、ところどころ毛束を引き出しながら毛流れを整えます。

結婚式の日

所要時間	バランスが命の **束髪アレンジ**
約40分	
難易度	束髪を現代風にアレンジしたスタイルです。たぼの張りや大きさなど、その人の顔型や大きさに合わせて似合わせることが大切です。
★★★★★	

着物一式／きものワールド　髪飾り／かづら清老舗　モデル／光田 愛　担当／鈴木富美子

base

イヤーツーイヤーから前を分け取り、ミドルとアンダーに分け、アンダーは3パートに分けて真ん中に根を作ります。すき毛を根においてミドルの毛束をかぶせ下ろします。

イヤーツーイヤー

1 逆毛を立ててからすき毛をおきます。毛束をかぶせると位置が下がるので、イヤーツーイヤーよりも前、フェイスラインギリギリにすき毛をおきます。

2 すき毛にかぶせたら、ダッカール（プリンス型）で面をきれいに整えてから束髪を作ります。残りのバックの毛束は抱き合わせにしてまとめます。

所要時間 約40分	
難易度 ★★★★★	

厳かな雰囲気に ローウエイトのまとめ髪

ボリュームを下においたスタイルは、黒留袖を着る母親の髪型にふさわしく、控えめながらも
厳かな雰囲気を演出します。毛流れを出すことで、かっちりとまとまりすぎず、やわらかな印象にも。

着物一式／きものワールド　髪飾り／かづら清老舗　モデル／吉田百合香　担当／高橋亜季

base

中央に根を作り、大きめのすき毛を横広にのせます。バック、サイドの順にすき毛にかぶせて、毛先はすき間を埋めるようにピニングします。トップの毛束はバックにかぶせて、毛先は衿足でピニングします。

1
使わない毛先は無理に生かそうとせず、すき毛のすき間を埋めるのに使います。

2
毛流れを作りたいところにオニピンをさして、スプレーで固定してラインを作ります。ちょっとした毛流れを出すことでやわらかな雰囲気が生まれます。

所要時間 約35分	ていねいな面作りで **ゴージャスな夜会巻きに**
難易度 ★★★★	シンプルな夜会巻きは、毛束のテンションのかけ方と角度がたゆみのない面作りの決め手になります。スタイリング中は顔が下がらないよう気をつけましょう。

着物・小物／きものワールド　帯／私物　髪飾り／かづら清老舗　モデル／落合沙織　担当／鈴木富美子

base

中央を逆三角形に分け取って根を作り、バックを右サイドに寄せて少しずつアメピンをずらしながら、夜会のベースを作ります。

頭から離したところで一度引きながらとかして衿足にテンションをかけながら、すき毛を巻き込みます。

NG

いきなり流したい方向（すき毛に向かって）にとかし上げると崩れやすくなり、毛流れも整いません。

トップは和グシを使い、2段階に分けて仕上げます。それぞれ逆毛をしっかり立てて高さを出し、1段階目は毛先を丸めてトップのすき間を埋めて、2段階目はバングを整えながら毛先を広げて面を作ります。

フォーマルメイク

Point of Makeup | Formal

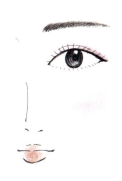

結婚式や式典など格式を重んじる場面では、華美なメイクは場違いな印象に。
肌感はセミマットに仕上げ、目元はピンクベージュで華やかな中にも上品さをプラス。年齢を重ねるほど黒のリキッドアイラインでしっかりとラインを引きます。目の下にはクリーム状のハイライトを入れてツヤ感と立体感を出します。チークは淡いピンクで肌になじませ、リップはローズ系がおすすめです。

パーティーの日
Party

結婚式同様、着物の種類や雰囲気と、会場の広さや天井の高さで髪型のボリュームを決めるといいでしょう。また夜のパーティーでドレスコードがある場合は盛り気味に、昼間で気軽なパーティーであればボリュームを抑え、ややコンパクトにまとめたほうが、ほかの来客者との調和も取れます。

パーティーの日

所要時間	逆三角形のシニヨンで**粋に演出**
約40分	
難易度	ローウエイトのシニヨンがしっとりとした大人の色香を感じさせます。 シニヨンの形は逆三角形にすると粋な雰囲気に。毛流れの美しさが際立つスタイルです。
★★★★★	

着物／きものワールド　帯／きものやまと　小物／私物　髪飾り／かづら清老舗　モデル／浅井香葉子　担当／鈴木富美子

base

バックの毛束を1束に結び、両サイドを合わせて根を作り、逆三角形に形作ったすき毛を根の下にのせます。

1

コームを使い、面を扇状に広げていきます。

2

ダッカール（プリンス型）で、逆三角形のすき毛に合わせてガイドラインを作ります。

3

コームの柄を使って、すき毛に毛束をかぶせていきます。

4

手のひらでやさしく包み込むようにシニヨンを形作ります。

5

トップとフロントは逆毛を立てずに、オニピンで毛流れを作りながらバックにまとめます。

所要時間 約25分	衿足10cmで作る**ツイストアップ**
難易度 ★★	短い髪でもローウエイトシニヨンになるツイストアレンジ。分け目が見えないようツイストする際のブロッキングに気をつけます。毛束を引き出す分量で、ボリュームとフォーマル度を調整します。

着物／きものワールド　帯／きものやまと　髪飾り／かづら清老舗　モデル／阿部純子　担当／宮本菜見子

base

中央のやや横に根を作り、逆毛を立てたトップの毛束をかぶせて根を押さえながら毛束を引き出して、シングルピンでとめます。スプレーをして立ち上がりをキープしたら、ピンをはずします。

advice

根を横に作ることでデザインする面が広がり華やかな仕上がりになります。

サイドの毛束は分け目の地肌が見えないよう縦にブロッキングし、フェイスライン側からツイストします。少量ずつツイストして毛束を引き出したら、根に集めてピニングします。

所要時間	# 根元を立ち上げた ナチュラルショートスタイル
約15分	

難易度
★★

根元をしっかりと立ち上げて、毛先はスタイリング前のホットカーラーでつけた自然なカールをそのまま生かした、ナチュラルなショートスタイル。毛束は横に広げてボリュームを出します。

着物／MarMu　帯／きものやまと　帯揚げ／私物　モデル／大戸尚美　担当／高橋亜季

base

衿足を除き、全体をアップステムにホットカーラーで巻いておきます。

1
フェイスラインもアップステムに巻いて、根元からしっかりボリュームを出します。

2
ホットカーラーで巻いたら、さらにコテで根元に立ち上がりをつけます。

パーティーの日　25

所要時間 約20分	# 2つの根で作る ポニーテールアレンジ
難易度 ★★	ポニーテールにツイストした毛束を合わせるシンプルな工程ですが、根を2つずらして作ることで面が広がり、華やかな仕上がりになっています。

着物・帯揚げ・帯・半衿／MarMu　帯締め／私物　髪飾り／かづら清老舗　モデル／黒澤美早希　担当／宮本菜見子

base

サイドとフロントを残してポニーテールを位置をずらして2つ作ります。ここが根になります。

1
サイドとフロントを合わせて3パートに分け取ります。サイド下、トップ、フロントの順に軽くツイストしながら上の根にピニングします。

2
上の根にしたポニーテールは根元をきつめにギュッとねじってから毛束を引き出し、ボリュームを出しながら下の根の上にピニングします。

所要時間 **約30分**

難易度 ★★★

事前の巻きが決め手の 美ラインスタイル

スタイリング前の巻きを生かしたスタイルです。ていねいに逆毛を立てて
しっかりとボリュームを出し、S字ブラシで面をきれいに整えて艶やかに仕上げます。

着物／きものやまと　帯・小物／私物　髪飾り／かづら清老舗　モデル／竹井ちはる　担当／鈴木富美子

base

バックの毛束を右側に寄せ、アメピンを少しずつずらしてさし、にんじん形すき毛をおいて夜会巻きにします。

1

トップの毛束はしっかりとボリュームを出します。少量ずつスライスして、毛量が少ない場合は内側のスライスは表と裏に逆毛を立てます。

2

毛流れを作る場合は凹ませるところに必ずオニピンをさしてワンクッションおくと、きれいに作れます。

所要時間	
約25分	
難易度	
★★	

ラフなのに華やか ギブソンタック

スタイリング前の巻きを生かしてギブソンタックにアレンジ。きつめに巻いてフィンガーウエーブにした前髪がアクセントに。ラフなスタイルなので、カジュアルパーティーにおすすめです。

着物・帯・小物／私物　髪飾り／コレットマルーフ　帯留め／箔一　モデル／伊藤 玲　担当／宮本菜見子

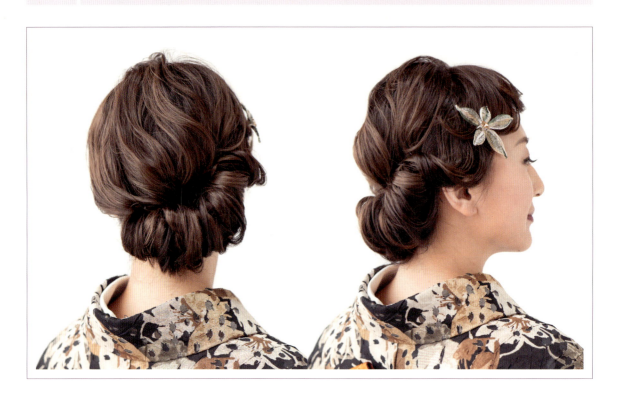

base

片側の衿足の三角ゾーンとサイドを分け取ります。フロントはバックに合わせてギブソンタックにします。

1
すき毛は使わず、スタイリング前の巻きを手ぐしで整えてボリュームと毛流れを作ります。

2
三角ゾーンと逆サイドのサイドの毛束をバックでひと結びします。このとき、結び目が中央よりやや横にずれるようにします。

3
ガイドラインに毛束を巻き付けてギブソンタックにします。ところどころ毛束を引き出してボリュームを出し、形を整えます。

パーティーの日

所要時間 約25分	ツイストだけで仕上げる**ナチュラルスタイル**
難易度 ★★	少量ずつ分け取った毛束をツイストしてまとめた、ナチュラルなスタイル。毛束を引き出しながら、全体のボリュームとバランスを整えていきます。

着物・小物／私物　帯／きものやまと　髪飾り／私物　モデル／木村由希　担当／宮本菜見子

base

中央にジグザグに根を取ります。トップは毛束を引き出しながらねじってバックに運び、ひと結びします。このときやや高めの位置に根を取ることで、高さのあるボリュームを作れます。

トップと根の毛束をツイストします。

1

2

トップと根をツイストしたらゴールデンポイントで丸めてシニヨンにしてピニングします。

3

下から毛束をすくい上げながらツイストして根に合わせてピニングします。

所要時間
約30分

難易度
★★★

カールで仕上げてやわらかな印象に

土台にはあまり高さはつけず、カールで高さとボリュームを出すため、やわらかなフォルムに仕上がります。前髪もコテで巻き、バックのカールにつなげて軽やかな動きを出します。

着物/きものやまと　帯・小物/私物　髪飾り/かづら清老舗　モデル/福元清香　担当/高橋亜季

base

バックは抱き合わせでまとめて根にし、サイドも根に集めてピニングします。土台の上に、控えめな大きさにしたすき毛をのせます。

1
バックの毛束はツイストして毛束を引き出し、すき毛の下でまとめます。

2
トップは3パーツくらいに分けて、それぞれツイストして毛束を引き出し、すき毛の上側にニュアンスを付けて巻き付け、ピニングします。

3
仕上げに全体のカールがつながるように、コテで巻いてバランスを整えます。

パーティーの日

所要時間	
約25分	

難易度	
★★	

逆毛テクニックで華やかショートに

横に細かくブロッキングして、全体的にしっかりと根元にボリュームを出すことで、
華やかに仕上げます。仕上げはS字ブラシでボリュームをつぶさないように整えます。

着物／三松　帯・帯揚げ／私物　髪飾り／かづら清老舗　モデル／長田一美　担当／鈴木富美子

base

バックはねじり上げてピニングし、サイドはそれぞれねじりながらバックに合わせてピニングします。

逆毛を立てる角度は、ボリュームが少ない場合はアップステムに倒すなど、髪質によって調整します。内側のスライスは表と裏に逆毛を立てても。

所要時間 約35分

難易度 ★★★★

アメピン使いで束感のある毛流れを

少量ずつ毛束を取り、ねじってはピニング、ねじってはピニングを繰り返しながら毛束を重ねていくことで、立体的で束感のある毛流れが作れます。前髪にはシングルピンで立ち上がりをつけます。

着物／きものやまと　帯・小物／私物　髪飾り／百日草　モデル／永川晶子　担当／髙橋亜季

base

中央に根を取り、すき毛をのせてから抱き合わせでバックをまとめます。両サイドはツイストして毛束を引き出しながら、バックに合わせてピニングします。

トップは少量ずつ毛束を取り、ねじってアメピンでピニング、ねじってピニングを3回ほど繰り返して毛束を重ねてバランスよく形を作ります。

パーティーの日

パーティーメイク
Point of Makeup | Party

和装のメイクは、着物の雰囲気に合わせて洋装よりも濃いめにしたほうがバランスよく仕上がりますが、昼間のガーデンパーティーや立食パーティーなど、軽い雰囲気のパーティーシーンでは、洋服感覚のメイクが映えるでしょう。肌感はツヤ肌を意識して、アイシャドーにはラメを、リップはグロスをきかせて艶やかに仕上げます。

day

night

ホテルでの夜のパーティーなど、訪問着のような重みのある着物で装う場面では、メイクも濃いめのほうが合うでしょう。
濃いメイクで肌をマットにすると古臭い印象になるので、ツヤ感を出すようにします。アイラインは目尻を長めにしっかりと引き、リップはツヤ感のある濃いめの色を選びます。

子供の行事の日
Children's ceremonies

お宮参りに始まり七五三、入学式や卒業式など、子供の行事の日は子供が主役です。母親や祖母など大人は、格式がありながらも華美になりすぎず控えめな装いがふさわしいでしょう。髪型も毛先の遊びやパーティー感覚のボリュームは控え、ミドルウエイトかローウエイトで品よくまとめます。

子供の行事の日　37

トップのボリュームを控えた **上品シニヨン**

所要時間 約30分　難易度 ★★★

シニヨンで奥行き感を出し、トップのボリュームは抑えることで品のよい雰囲気に。後れ毛などが出ないよう、ワックスでフェイスラインの毛を押さえておきます。

着物・帯／きものやまと　小物／私物　髪飾り／かづら清老舗　モデル／福元清香　担当／高橋亜季

base
中央に根を取り、バックは抱き合わせにして衿足をすっきりとまとめます。両サイドはそれぞれ逆毛を立ててから根に巻き付けてピニングします。

1 トップの毛束は逆毛を立てたらひとまとめにしてバックに運び、ねじって上に持ち上げてボリュームを出し、ピニングします。

2 根にすき毛をのせて、トップの毛束をかぶせて衿足でピニングし、シニヨンを作ります。

ツイストで フレッシュなママを演出

ママ style
所要時間 約30分
難易度 ★★★

ボリュームを抑えたシニヨンスタイルも、ツイストの面を見せることで可愛らしさが表現できます。若いママにおすすめの、フレッシュなスタイルです。

着物・帯／きものワールド　髪飾り／百日草　モデル／西井 蘭　担当／鈴木富美子

base
トップとサイドを残し、バックを2パーツに分けてそれぞれひと結びします。すき毛は使わず、逆毛だけでボリュームを出してスタイリングします。

1 前髪は逆毛を立ててからサイドに合わせて和ぐしで面を整えながらバックの根に合わせます。

2 逆毛を立ててからバックに運び、ブラシで表面をきれいに整え、ひとねじりしてピニングします。

3 バックの毛束をまとめてシニヨンにし、トップの毛先をツイストしてから面を広げてピニングします。

ママ style
所要時間 約20分

難易度 ★★

すき毛を包み込んで**ボブ風スタイルに**

大きく形作ったすき毛を毛束で包んで、アシンメトリーにスタイリング。
面が割れないよう、逆毛を立ててから艶やかな毛束の面を生かしてボブ風にしましょう。

着物／きものやまと　帯・小物／私物　髪飾り／かづら清老舗　モデル／伊藤 玲　担当／宮本菜見子

base

トップとサイドを残してバックをひと結びして根を作ります。両サイドをそれぞれ根にピニングします。

1
根の上に大きく形作ったすき毛をのせます。ややアシンメトリーになるよう斜めにつけます。

2
逆毛を立てて、面をきれいに整えたトップを2パーツに分けてゆるめに結び、それぞれ交差するようにすき毛を包み込んで衿足でピニングします。

advice
すき毛はちぎってから適当な大きさにまとめます。かたさはスポンジくらいを目安にするといいでしょう。

子供の行事の日　41

ポンパとまげでキュートな古典スタイルに

七五三 style
所要時間 約10分
難易度 ★

毛量の少ない小さなお子さまでも、すき毛を使えばクラシカルなまげを結うことができます。
産毛は押さえず、ナチュラルに仕上げると子供らしい可愛らしさが出ます。

着物一式／豆千代モダン　髪飾り／京都 おはりばこ　モデル／富士本深結佳　担当／鈴木富美子

1 前髪を残してゴールデンポイントでポニーテールにします。

2 前髪をバックへ運び、ひとねじりしてから前方に押し上げてポンパドールにし、ピニングします。

3 すき毛をスポンジのかたさを目安に適当な大きさの楕円形にまとめます。ポニーテールの内側にすき毛を当てて、毛先からくるくると巻き込み、根元まで巻き込んだら面を指で広げて左右をピニングしてまげを作ります。コームで整え、ハードスプレーします。

七五三 style
所要時間 約05分
難易度 ★

オン・ザ・マユゲの ツインテールアレンジ

高さを変えた、ツインテールをカールさせてからひとつにまとめた簡単スタイル。
足りないボリュームは髪飾りで補うといいでしょう。

着物一式・草履／MarMu　髪飾り／京都 おはりばこ　モデル／富士本深結佳　担当／鈴木富美子

advice
子供にコテやカーラーを使うときは、肌に当たらないよう十分な注意が必要です。

1 ヘビーサイドとライトサイドに分けて、高さを変えてそれぞれポニーテールにします。

2 少量ずつ毛束を取り、コテで細かくカールをつけます。

3 毛束を少しずつ取り、上から下に引いて広げてボリュームを出してハードスプレーします。

4 たっぷりとしたカールが広がるよう、2つのポニーテールの毛先をアメピンでとめていきながら形を整えます。

5 指先に軽くワックスをつけて、前髪を散らすようにしながらスタイリングします。

小学校の卒業式に 袴スタイル

卒業式 style
所要時間 約20分
難易度 ★★★★

すき毛を巻き込んで作るまげのスタイリングポイントは、事前の下準備です。全体をホットカーラーまたはコテで巻き、ワックスをつけてからブラッシングし、スタイリングしやすい状態にします。

着物一式／和風館ICHI　髪飾り／京都 おはりばこ　モデル／飯田梨央　担当／高橋亜季

1 前髪を残してトップを丸く取り、ゴールデンポイントでポニーテールにします。残りのバックとサイドはやや横に寄せてポニーテールにします。

2 前髪はポンパドールにして立ち上がりをつけます。

3 上のポニーテールの真ん中くらいに、すき毛をのせます。

4 毛先をはずしてすき毛をポニーテールの根元まで巻き込みます。

5 指で面を広げたら、左右をピンで固定します。

6 下のポニーテールは、毛先からすき毛を巻き込みます。

7 根元まですき毛を巻き込みます。

8 面を広げて左右をピンで固定します。

9 まげの毛束をところどころ引き出して、形を整えます。

卒業式 style

所要時間 約10分

難易度 ★

トップのボリュームが決め手のハーフアップ

袴らしい気分を味わえるハーフアップ。飾りをはずせばヘアチェンジしないで、洋装での謝恩会にも参加することができます。ダウンスタイルはトップのボリュームを出すと、フォーマル感が増します。

着物一式／和風館ICHI　髪飾り／京都 おはりばこ　モデル／飯田梨央　担当／高橋亜季

1 全体をコテでていねいに内巻きにしておきます。

2 トップの毛束に逆毛を立てて、表面を整えてからバックに運んでねじります。

3 ねじったトップを上に持ち上げてボリュームを出してから、ゴムでひと結びします。

4 結び目を押さえながらトップの毛束をところどころ引き出してボリュームを出します。

5 サイドはツイストしながらバックに運び、毛束を広げて結び目でピンでとめます。

6 逆サイドも同様にツイストして毛束を広げ、バックの結び目にピンで固定します。

おしゃれをする日
Dress up

同窓会にランチ女子会、結婚記念日のデート。着物でおしゃれをするなら、改まった日にはできない冒険をするチャンスです。なりたいイメージをふくらませて、シーンに合わせたスタイルでおしゃれを楽しみましょう。

30代
所要時間 約30分
難易度 ★★★

デートの日は甘さと華やかさを表現して

レストランで過ごす結婚記念日には、華やかで可愛らしいスタイルがぴったり。手ぐしでざっくりと仕上げるので程よいラフ感も出て、高さのあるスタイルでも堅苦しい雰囲気にはなりません。

着物／きものやまと　帯・小物／私物　髪飾り／コレットマルーフ　モデル／落合沙織　担当／鈴木富美子

1 根にすき毛をおいたら、抱き合わせでバックをまとめます。

2 サイドはツイストして根に合わせ、バックとサイドの毛先は丸めてすき毛を埋めるようにおきます。

3 逆毛は立てず、スタイリング前の巻きを生かしながら手ぐしでざっくりと形を整えます。

base

中央に根を作り、根の周りにすき毛をのせます。バックは抱き合わせでまとめ、サイドの毛束はツイストして根に合わせます。

advice

縦のラインを強調したい場合は夜会巻きに。丸みのあるフォルムにしたいときは抱き合わせでバックをまとめます。

30代 横顔美人の**同窓会スタイル**

所要時間 約40分
難易度 ★★★★★

成熟した大人の雰囲気の中にも、10代の頃の可愛らしさを思い起こさせるデコラティブなスタイルです。クリップで作る大きなフィンガーウエーブがひと味違う着姿を演出します。

着物／きものやまと　帯／三松　髪飾り／かづら清老舗　モデル／落合沙織　担当／鈴木富美子

base バックの毛束を2パートに分けて、サイドに寄るよう左右の高さを変えてまげを作ります。サイドはまげの根に巻き付けてピニングします。

1 トップの毛束は軽く逆毛を立てたらバックに運び、2個のまげの間に入れて、毛先はまげの根に巻き付けてピニングします。

2 フィンガーウエーブを作るときは、スタイリング前の巻きで流したい方向に巻いておきます。ウエーブをつけたいところをウエーブクリップで挟み、毛先はまげに沿わせてピニングします。

所要時間 約35分

難易度 ★★★★

360度異なる表情で女子会を盛り上げる

正面から見ればローウエイトシニヨン。360度表情が異なるデザイン性抜群のスタイルは、おしゃれを楽しむ女子会にぴったり。大胆に毛流れを作ってデコラティブに仕上げます。

着物一式／私物　髪飾り／ブリュイ　モデル／落合沙織　担当／鈴木富美子

base

トップとサイドを残してバックを1束に結びます。両サイドの毛束は面をとかしつけながらバックに運び、根元に巻き付けます。

advice

逆毛を立ててからすき毛を巻くと、まげの面が割れることがありません。

1

バックの毛束の内側にすき毛を当てて、毛先から根元にかけて巻き込み、指で面を広げて大きなまげを作ります。

2

トップの毛束は大きな毛流れを作りながらまげに沿わせ、毛先はまげの下でピニングします。

おしゃれをする日

40〜50代
所要時間 約40分

難易度 ★★★★★

たっぷりシニヨンで洗練された大人の雰囲気に

同窓会などに、上品な大人スタイル。ローウエイトのシニヨンは逆三角形に形作り、都会的で洗練された雰囲気にまとめます。すき毛の作り方がポイントです。

着物・帯／きものやまと　小物／私物　髪飾り／かづら清老舗　モデル／柏木淳湖　担当／鈴木富美子

base

中央に根を作り、ひと結びしたら逆三角形になるよう長めに形作り、すき毛をのせる土台を作ります。

1 すき毛を根の上にのせたら、逆三角形の形になるよう先端を軽く下に引きながら、アメピンをさします。

2 抱き合わせでバックをまとめたら、トップは毛流れを作りながらバックに合わせて、毛先はふんわりと整えて、女性らしいやわらかさを演出します。

40・50代
所要時間 約35分
難易度 ★★★★

ローウエイトで大人可愛いスタイルに

いつまでも変わらぬ気持ちでいたいから、結婚記念日には大人可愛いスタイルを。ツイストを崩した可愛らしいデザインは、ボリュームを下めに作ることで大人の女性らしいスタイルになります。

着物／きものやまと　帯・小物／私物　髪飾り／百日草　モデル／柏木淳湖　担当／鈴木富美子

base
バックは斜めに2パートに分けて、高さを変えてそれぞれ1束に結び、根を2つ作ります。

advice
ニュアンススタイルははじめから崩さず、一度きれいに作ってから崩すと美しく仕上がります。

1 下の根にすき毛をのせて巻き付けて、まげを作ります。

2 フロントを残してトップに逆毛を立ててバックに運び、まげに沿わせて毛先はまげの下でピニングします。

3 サイドはそれぞれツイストして、毛束を引き出してまげに沿わせてピニングします。フロントの毛束に逆毛を立ててから、一度きれいにバックに運び、毛流れのガイドラインを作ったら、オニピンで細かな毛流れを作ります。

※わかりやすいようピンを見せています。

40・50代
所要時間 約35分
難易度 ★★★★

がんばりすぎない加減がちょうどいい女子会スタイル

お友達とのランチ会には、女性らしいラインと和髪らしいボリュームをさり気なく取り入れたスタイルで好印象に。シンプルなスタイルだからこそ、ていねいな面作りが大切になります。

着物・小物／私物　帯／きものやまと　髪飾り／百日草　モデル／柏木淳湖　担当／鈴木富美子

base

トップとサイドを残してバックに根を作ります。丸みのあるフォルムになるよう形作ったすき毛を根の上にのせます。

1 トップとサイドを合わせて2パートに分けて、それぞれダッカール（プリンス型）で面を整えながら形を作ります。

2 髪が長い場合は毛先をくるくると指で巻き、輪にアメピンをさすと、ピニングしやすくなります。

3 シングルピンを縦にさして、前髪に立ち上がりをつけます。

advice
トップにボリュームを出さない場合、前髪に立ち上がりをつけないと、さびしい印象になってしまいます。

60代
所要時間 約30分
難易度 ★★★

こなれた感が出せる アシンメトリースタイル

タイトな面とボリューミーな面の2スタイルを楽しめるアシンメトリーな髪型。洋装が多い同窓会で、こなれた着姿を演出できます。がんばりすぎないスタイルが好印象に。

着物／きものワールド　帯／三松　小物　髪飾り／コレットマルーフ　モデル／吉田百合香　担当／高橋亜季

base
バックを斜めに取り、アシンメトリーになるよう中心から横にずらして1束に結び、根を作ります。

1 根にすき毛をおき、毛先からすき毛をクルクルと巻き込んで、まげを作ります。

2 残りのバックとサイドの毛束を合わせて、横はタイトに抑えたらツイストしてまげに沿わせます。毛先はまげの下でピニングします。

3 トップとフロントはスタイリング前の巻きを生かしながら、手ぐしでざっくりとバックへ流します。

4 やわらかな毛流れを作ったら毛先はねじってまげに沿わせてピニングします。

おしゃれをする日　59

60代
所要時間 約20分
難易度 ★★

大人の三つ編み使いでカジュアルなランチ会へ

大人の三つ編みは崩しすぎず、そのほかの面をきれいに仕上げるのが子供っぽくならないポイントです。ランチ会ならトップのボリュームを抑え気味のほうがカジュアル感が出ます。

着物／三松　帯／MarMu　帯揚げ／私物　髪飾り／ブリュイ　モデル／吉田百合香　担当／高橋亜季

base

バックとサイドを合わせて斜めに2パートに分けます。それぞれ1束に結んで三つ編みにします。

1 トップは逆毛を立てて軽くボリュームを出してからバックに運び、ねじりながら片側の三つ編みの根に巻き付けて毛先をピニングします。

2 すき間感が出ないよう、三つ編みの面を指でていねいに広げます。

NG

advice
子供っぽくなりがちな三つ編みは、すき間ができるまで崩してしまうとカジュアルな雰囲気になりすぎてしまいます。

60代 所要時間 約30分 難易度 ★★★

2つのまげで遊び心を表現

甘すぎず、でも遊び心を忘れない。そんなスタイルが60代からの結婚記念日デートなどにはぴったりです。和髪らしいたっぷりとしたボリュームですがデザイン性が高いので場所、着物を選びません。

着物・帯／きものやまと　小物／私物　髪飾り／百日草　モデル／吉田百合香　担当／高橋亜季

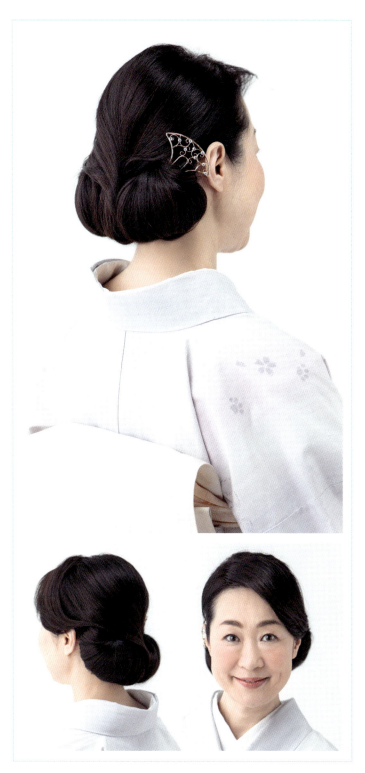

base

サイドとトップを残して、バックを斜めに2パートに分けます。それぞれ低めの位置で1束に結び根を作ります。

1 根の毛束ですき毛を巻いてまげを2つ作ります。サイドの毛束をそれぞれまげに巻き付けて、ピニングします。

2 トップはボリューム、毛流れともに抑えめにして、デコラティブなシルエットにメリハリをつけます。

【年齢別】
着物メイクのポイント

年齢が変わっても、意外と変えられないのがメイクの仕方。
けれども目元や口元はとくに、加齢とともに変化します。
昔と同じメイクをしていると、ときにはイタイ印象に見られることも。
年齢に応じたメイクのポイントを押さえて、
ベストな表情で着物の日を楽しんでください。

30代 Best make

まゆは細すぎたり形を整えすぎたり、やりすぎないこと。アイラインは上下に入れると目が小さく見えるので、下はアイシャドーを使います。

グロスを使い、ツヤ感のあるリップにすると、若々しく華やかな印象になります。

Bad make ✕

濃いめのメイクよりも肌感重視の「やりすぎない」メイクがポイントに。20代に比べると小ジワやくすみが目立ち始める年齢になるので、清潔感のあるベースメイクを心がけましょう。20代の頃は可愛かった丸く入れるピンクのチークも、この年齢になるとイタイ印象に。血色をよく見せることを重視して色を足すといいでしょう。

40代 Best make

Bad make

たるみやシワも気になり、目の下などにくすみも目立つようになるので、コンシーラーでカバーしてマット系のベースメイクをします。ただしアラを隠すために厚塗りしたり目元を盛りすぎたりすると、かえって老けて見えてしまいます。まゆ、目元、口元をていねいに作ることで清潔感のある上品メイクになります。

まゆはしっかりときれいなラインを作ります。アイラインはキャットアイにはしないで、目尻から2mm程度を埋めるように描きます。

口の周りにハイライトをきかせると口角が上がって見えます。輪郭をしっかりと取り、色をのせると品よく仕上がります。

まゆは輪郭をしっかり取り、パウダーで立体的に仕上げます。アイラインは黒だと目が小さく見えるのでブラウンを。ブラウンでは少しボケるという場合は、まつげとまつげの間のインラインを黒のリキッドで埋めます。

上下のバランスを1：1.5もしくは1：2になるよう輪郭を描いてから色をのせることで、口角が上がって見えます。

○ Best make
50代

× Bad make

ハリが失われまぶたも痩せてくる50代からは、リフトアップ効果のある立体メイクがおすすめです。パール感のあるアイシャドーやハイライトを使ってくすみを目立たなくさせるのも、きれいな肌感のポイントに。着物の場合はとくに、色みが薄すぎるとさびしく貧相な印象になりがちなので、まゆ、口元はしっかりと色をのせたほうがいいでしょう。

before

after

着物を着る日はとくに、首元が目立ちますので、
日頃からマッサージでケアをして、
当日は色みの移らないファンデーションで
顔と首のトーンを揃えておきましょう。

首元ファンデで印象アップ

見落としがちな首元の色ですが、通常のファンデーションでは長襦袢や着物の衿にファンデーションの色がついてしまうことも。色移りしない首元専用のファンデーションを使用するか、ホワイトパウダーで素肌感をなくします。衣紋から見える首元も忘れずに色を整えておきます。

色移りせず首元のトーンを整えて素肌感をカバーしてくれる、首元専用ファンデーション。
くびすじファンデ 60ml
4,800円＋税／ハイリッチ株式会社

before

after

口切り・初釜の日
Tea ceremony

茶席の中でも格式のある口切りと初釜などの日の髪型は、毛流れをきちんと整えながら品のいいボリュームを出します。前髪や後れ毛が落ちないようにまとめ、茶器を傷つけないよう髪飾りやアクセサリーはつけません。

所要時間 約10分

難易度 ★

根元を立ち上げて華やかに シンプルショート

全体的にふんわりとボリュームを出し、根元の立ち上がりをしっかりとつけることで、シンプルなショートが華やかなスタイルに。繊細な毛流れと根元の立ち上がりはスケルトンブラシを使います。

着物／三松　帯・小物／私物　モデル／今井幸子　担当／宮本菜見子

base

衿足を除き、全体をアップステムに巻きます。

1 ブラシで前髪に立ち上がりをつけて、ドライヤーでクセづけします。

3 ブラシの先端を使い、ボリュームをつぶさないようていねいに毛流れを作ります。

口切り・初釜の日　67

所要時間 約30分	# 毛流れを作りながら**すき毛を隠す**
難易度 ★★★	ローウエイトの落ち着いたスタイルですが、ゆるめのツイストがやわらかな表情となり、若々しい印象に。表面に見えるすき毛は、トップの毛束で隠していきます。

着物／きものやまと　帯・小物／私物　モデル／福元清香　担当／髙橋亜季

base

中央に根を作り、逆毛を立てたサイドとトップを根に集めてピニングします。根の下にすき毛をおいて土台を作ります。

1
バックの毛束は抱き合わせしてまとめ、すき毛を隠しながら毛先をピニングします。

2
トップの毛束はゆるめにツイストして、毛先はすき毛を隠すようにピニングします。

所要時間 **約35分**

難易度 ★★★★

逆毛を使って**スタイルキープ**

艶やかな面と美しい毛流れは、初釜の席に上品な華を添えます。ここでは逆毛を使った面割れ防止と毛先の処理の仕方を解説します。スタイリング前の巻き、ワックス、ブラッシングはしっかり行います。

着物・小物／私物　帯／きものやまと　モデル／永川晶子　担当／高橋亜季

base
フロントトップはヘビーサイドにブロッキング。オーバーセクションとミドルセクション、サイドを残してアンダーセクションに根を作り、すき毛をのせます。

1
ライトサイドの毛束をすき毛の下に運び、ピニングします。ミドルセクションの毛束は根元と中間から毛先にかけて逆毛を立ててすき毛にかぶせ下ろし、毛先をライトサイド側で丸めて形作り、サイドの毛束にピンで固定します。

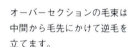

オーバーセクションの毛束は中間から毛先にかけて逆毛を立てます。

2

3
毛流れに平行にピンをさし、毛流れをキープします。
※わかりやすいようピンを見せています。

advice
中間から毛先にかけて逆毛を立てると毛同士が結合し、面が割れにくくなります。

口切り・初釜の日

所要時間 約30分	シンプルアップにねじりで**表情をプラス**

王道スタイルも、毛束をひとねじりするだけでやわらかさと華やかな表情が加わります。
華美になりすぎないよう、フェイスラインはタイトに抑えます。

難易度 ★★★

着物・小物／私物　帯／きものやまと　モデル／吉田百合香　担当／高橋亜季

base

中央に根を作り、バックは抱き合わせで根に合わせて毛先は丸めてピニングします。サイドはタイトに抑えながら根に合わせて毛先を丸めてピニングします。

1 根の上にすき毛をのせて、逆毛を立てたトップをかぶせて、毛先はねじってピニングします。

2 中間から毛先にかけて逆毛を立てて、面が割れないようにします。

3 フロントとサイドはタイトに抑えて整えます。

茶会の日のメイク

Point of Makeup | Tea Ceremony

肌感はマットにし、色みを抑えた落ち着いたメイクを心がけます。流派や茶会の種類によって決まり事などは異なりますが、髪は後れ毛のないようにまとめ、つけ爪やマニキュアはオフ、香水はつけないのが共通ルールです。まゆはしっかりと描き、目元はマット系のブラウンシャドウを。ブラウンのペンシルでまつげの際にアイラインを引きます。口元には肌なじみのいいベージュピンクを。落ちにくいタイプの口紅を選びます。

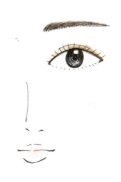

口切り・初釜の日

振袖を着る日
Furisode

成人式をすぎても結婚式参列、結納、婚礼と振袖の出番はまだまだ続きます。華やかな振袖は髪型によって可愛い雰囲気から落ち着いた雰囲気にまで変えられるので、着る場所や年齢に応じて髪型を決めるといいでしょう。

所要時間	
約30分	
難易度	★★★

若さ溢れるハイウエイトアップ

20代前半で着る振袖は、高さのあるアップスタイルで華やかに装います。シニヨンを
エアリーに作る分、前髪はスッキリと上げることで、結婚式参列にもふさわしいきちんと感が出ます。

振袖／三松　帯／和風館ICHI　小物／私物　髪飾り／百日草　モデル／フィリッピーニ キアラ 麗　担当／宮本菜見子

base

全体をしっかりと巻いておきます。トップにジグザグに根を取り1束にまとめます。全体をポニーテールにして毛束を散らすよりもボリュームがつぶれにくく細かな調整がききます。

フロントから少量ずつ毛束を取り、ツイストしながらポニーテールの根でピニングします。

1

すべての毛束をツイストしながら根に集めてピニングします。

2

3

少量ずつ毛束を取り、いろいろな方向に裂くようにしながらボリュームを出し形を整えます。

所要時間	約30分
難易度	★★★

毛束で形作るドレッシーライン

束感を生かして毛流れを作るエレガントスタイル。毛流れを大きく作ることで優雅なシルエットに。ドレッシーな雰囲気なので、洋装での参列、参加が多い結婚式やパーティーにもおすすめです。

振袖・帯／和風館ICHI　小物／私物　髪飾り／コレットマルーフ　モデル／黒澤美早希　担当／宮本菜見子

base
サイドを除き、フロント、丸く取ったミドルセクション、アンダーセクション、オーバーセクションはそれぞれ2パートに分けます。

1 フロント以外は、高さと位置を変えて1束に結びます。サイドは左右の毛束をバックで合わせてひとつに結びます。

2 それぞれの毛束を毛流れを作りながら折り重ね、オニピンで固定していきます。

※わかりやすようにピンを見せています。

所要時間 約35分	# 毛束で形作る大人の結納スタイル
難易度 ★★★★	成人式で着た振袖も、髪を毛先を遊ばせずローウエイトでまとめると大人っぽい雰囲気に。20代後半からの結納にもおすすめのスタイルです。三つ編みとツイストで可愛らしさを表現します。

着物・帯・小物／私物　髪飾り／かづら清老舗　モデル／西井 蘭　担当／鈴木富美子

base
サイドとトップを残して、バックを斜めに2パートに分けます。それぞれ少し高さを変えてポニーテールにします。

1 両サイドは左右のポニーテールの根に運び、毛先を巻き付けてピニングします。ポニーテールの根の下にすき毛をおき、それぞれ半分ずつ毛束を取り、指で面を広げながらすき毛にかぶせてシニヨンにします。

2 ポニーテールの上にすき毛をのせて、逆毛を立てたトップの毛束をかぶせ下ろします。三つ編みにして結び目を内側に丸めてピニング。毛先を使ってすき間を埋めます。

3 ポニーテールの毛束をそれぞれツイストし、すき間を埋めるように毛流れを作り、毛先を隠してピニングします。

所要時間	約25分
難易度	★★

編み込みアレンジで初々しい結納スタイル

ボリュームは抑え気味にし、崩した編み込みでデコラティブにデザインしたスタイル。
カジュアルな雰囲気にならないよう、前髪はタイトに抑えます。

振袖・帯／三松　小物／私物　髪飾り／かづら清老舗　モデル／フィリッピーニ キアラ 麗　担当／宮本菜見子

base

フロントはサイドパートに分けます。トップを残してバックをジグザグに2パートに分けます。

トップは毛束を引き出してボリュームを出し、フロントからバックにかけて編み込み面を広げるように毛束を指で広げます。すべてのボリュームは編み込みとつまみ出すことで作ります。

所要時間	
約35分	

艶やかな面で**上品シルエットに**

難易度 ★★★★

ボリュームのある艶やかな面は、大人の結納にふさわしい気品を感じさせます。シンプルなシニヨンスタイルなので、スタイリング前の下準備をていねいに行うのがきれいに仕上げるコツです。

着物／三松　帯・小物／私物　髪飾り／かづら清老舗　モデル／西井 蘭　担当／鈴木富美子

base

トップとサイドを残してバックを丸く取り、中央でポニーテールに結び根を作ります。

すき毛に毛束をかぶせるときは、コームを縦に入れて根元に軽く逆毛を立ててから指で面を広げ、少しずつずらしながらダッカール（プリンス型）で形を整えます。

advice

シニヨンやまげ作りに欠かせないのが、巻く、ワックス、ブラッシングの下準備です。

振袖を着る日

所要時間 約25分
難易度 ★★

艶やかな面と ふんわりミックス

フロントをタイトに抑えることで、たっぷりとボリュームを持たせたフォルムとふんわりと軽いツイストが生きてきます。お嬢さまの結納にもふさわしい、品格あるスタイルです。

振袖／和風館ICHI　帯・小物／私物　髪飾り／百日草　（オレンジ）私物　モデル／黒澤美早希　担当／宮本菜見子

base

中央に逆三角形に根を取り、高い位置で1束結び、結び目の下に逆三角形に形を整えたすき毛をのせます。

1 サイドを根に合わせてピニングしたら、バックは抱き合わせでまとめ上げます。毛先ですき間を埋めます。

2 トップはねじり合わせてバックでピニングし、サイドはタイトにまとめてバックに合わせます。

3 少量ずつ毛束を取り、ツイストしたら面を広げてデコラティブに形作りながらピニングします。

振袖を着る日　83

夏の日の髪型
Summer days

見た目の涼を楽しみたい夏着物。透け感で見せたり、あっさりとした軽い色みが増える夏の装いは、髪型もあまり盛りすぎず、シンプルに作るとより涼しげな印象に仕上がります。ボリュームも、やや抑え気味にしたほうが夏らしいでしょう。

夏の日の髪型

所要時間 約35分	# アクセントに毛流れをオン
難易度 ★★★★	毛流れは1か所だけ作りアクセントに。毛流れをキープするには、正しいピニングと毛先の逆毛がポイントです。ワックススプレーでやわらかく仕上げたほうが夏らしい雰囲気に。

着物・帯・小物／私物　髪飾り／かづら清老舗　モデル／柏木淳湖　担当／鈴木富美子

base
フロントとトップ、サイドを残してバックを低めの位置でひと結びして根を作ります。この後、バックの毛束はツイストしてシニヨンにします。

advice
すき毛はフォルムを作る大切な役割があります。土台のすき間を埋めながらていねいに形を作ります。

1
バックのシニヨンのすき間を埋めるように、根の上にすき毛をのせます。

2
サイドは指の腹を使い、ふんわりとやわらかさを残しながらバックに合わせます。

3
フロントは毛先にかけて毛流れを作りながらバックに合わせます。毛流れに対して同じライン上にピニングすると、ピンが見えず固定できます。

夏の日の髪型

所要時間	ていねいなセットでエアリーな夏ショートに
約10分	ショートスタイルは根元の立ち上がりがポイントに。とくに、つむじの周辺は割れやすいので、ドライヤーを使っていねいにセットします。サイドは片側を耳にかけて、スッキリと仕上げます。
難易度 ★	

着物一式／私物　モデル／今井幸子　担当／宮本葉見子

base
タイトに抑えて涼しげに仕上げたいので衿足をストレートに落とし、サイドを残してカーラーで巻いて根元を立ち上げます。

1 割れがちなつむじ周辺はドライヤーを使い根元をしっかり立ち上げます。

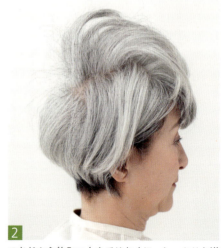

2 つむじから約5cm上まではとくに、しっかりと逆毛を立てます。

所要時間
約20分

難易度
★★

アメピンで作る ギブソンタック

衿足は平巻きで巻き、根元を外側にはねさせておきます。
トップにボリュームを出さない代わりに、シングルピンで前髪に立ち上がりをつけます。

着物一式／私物　髪飾り／ブリュイ　モデル／竹井ちはる　担当／鈴木富美子

1
全体に逆毛を立てたら面をきれいに整えてアメピンで衿足を折り返すためのガイドラインを作ります。サイドから少量ずつ毛束を取り、ねじりながらガイドラインに折り返してピニングします。後ろまで作ったら逆サイドからまた始めます。

2
シングルピンで立ち上がりをつけたら、スプレーで固定します。

advice
短い髪こそ逆毛が大事。逆毛は毛束を運びたい方向に引きながら立てると方向性がつきます。

夏の日の髪型　89

所要時間 約20分	# フィッシュボーンで作る軽やかシニヨン
難易度 ★★	フィッシュボーンは三つ編みよりも面積が密なので、仕上がりも子供っぽくなりすぎることがありません。適度なすき間感が夏らしいエアリーな雰囲気に。軽やかな夏スタイルです。

着物・帯・小物／私物　髪飾り／コレットマルーフ　モデル／伊藤 玲　担当／宮本菜見子

base

前髪とトップを残して、残りをジグザグに2パートに分けます。それぞれミドルセクションでポニーテールにします。

1　トップに軽く逆毛を立てたらバックに運んでひと結びし、結び目を押さえながらボリュームを出しすぎない程度に毛束を引き出します。

2　トップの毛束は、左右のポニーテールの毛先に半分ずつ合わせます。それぞれフィッシュボーンにして毛束を引き出してからまとめます。

夏の日のメイク

洋装に比べて色をのせたほうがバランスを取りやすい着物のメイクですが、夏の着物は寒色系や涼し気な淡い色が多いため、メイクも盛りすぎないのがポイントです。全体的に色みは抑え、ツヤ肌メイクにします。口元はピンクグロスを。目元にはブルーのシャドーをのせ、目尻に濃いブルーを締め色で入れます。アイラインも黒ではなくブラウンを使うといいでしょう。

気軽なおでかけの日の
セルフアレンジ
Self-arrange

友人とのショッピングや和のお稽古など、美容院へ行くまでもなく気軽にセルフアレンジしたい日におすすめのスタイルです。どれも簡単なスタイルですが、スタイリング前に髪を巻き、ワックスをつけてブラッシングするなどの下準備が欠かせません。

デートの日は甘さと華やかさを表現して

全体をホットカーラーで巻いたらワックスをつけます。ブラッシングはワックスを全体に行き渡らせる程度に抑えて、ざっくりとした毛流れを残します。スタイリング前に巻かないと髪が滑るので必ず巻いておきます。

着物・帯／モダン着物小物 梅屋　小物／私物　髪飾り／コレットマルーフ　モデル／木村由希　担当／宮本菜見子

base

トップとバックをジグザグにブロッキングします。

1 右側サイドをタイトに抑えるため、トップをやや右に寄せて1束に結びます。

2 右側のサイドから下の毛束をすくい上げていきます。

3 トップの毛束も巻き込みながら逆サイドまですく上げていきます。

4 毛先ははずしてアメピンで毛束をとめます。

5 コームをすくい上げた毛束の上端にさし、そのまま上に倒してさし込みます。

三つ編みで代用も 編み込みアレンジ

ロングヘアの方におすすめのスタイルです。フィッシュボーンに編み込んだ毛束を形よくまとめるだけですが、三つ編みに変えればより可愛い雰囲気に。

着物・帯／ふりふ　モデル／黒澤美早希　担当／宮本菜見子

base

フロントの分け目から首のセンターに向けて、分け目が湾曲すよう指で地肌をジグザグになぞり、全体を斜めに2パートにブロッキングします。

1 片サイドは耳横に。もう片方はバックでそれぞれポニーテールにします。

2 左右の毛束をそれぞれフィッシュボーンに編み込みます。ところどころ毛束を引き出して面を広げます。

3 左右ともにフィッシュボーンに編んで崩します。

4 左側のフィッシュボーンを丸めて、毛先をアメピンでとめます。

5 右側のフィッシュボーンをゆるめに丸めて、毛先をアメピンでとめます。

6 フィッシュボーンの輪を右に引いてゆるみをなくし、左右のフィッシュボーンがつながるように形を整えて、ところどころアメピンをさして形をキープします。

気軽な日のセルフアレンジ

2本足かんざしで作る夜会巻き

さし方さえ覚えれば、即アップスタイルが作れるかんざしアレンジ。
長めのロングの方は、毛先は散らしてアメピンでとめ、
セミロングの場合は、スタイリング前の巻きを生かして毛先を散らします。

着物／三松　帯／きものやまと　小物／私物　髪飾り／FUCA　モデル／浅井香葉子　担当／鈴木富美子

◆夜会巻きにする

1　親指を軸にして毛束をねじり上げ、夜会巻きにします。

◆かんざしをさす

2　ねじった方向に、2本足かんざしを裏が上になるようにさし込みます。
逆側に倒して、ねじり上げた側面に沿って斜め下側にかんざしをさし込みます。

◆散らす

3　サイドは指で軽く毛束を引きながらふくらみを持たせます。毛先はスタイリング前の巻きを生かして毛流れを作り、
ところどころつまみながらボリュームを出してアメピンでキープします。

気軽な日のセルフアレンジ

ショートで作る和のお稽古スタイル

衿足が上がる長さがあれば、ショートヘアでもアップスタイル風にすることができます。
毛量によって逆毛の立て方を変えましょう。

着物／三松　帯・小物／私物　モデル／長田一美　担当／鈴木富美子

1
折り上げる衿足を除いて、根元をしっかりと立ち上げながらホットカーラーで全体を巻きます。衿足を1束に結んで毛先を折り上げて、ピンで固定します。

2
トップの毛束は少量ずつブロッキングして逆毛を立てます。毛量が少ないほどフェイスライン側に倒して逆毛を立てます。それでもボリュームが出ない場合は、内側のスライスには裏だけではなく表にも逆毛を立てます。

3
ブラシの先端でやさしく髪の表面だけをなでつけて面を整えたら、和ぐしで形をキープしてスプレーで固めます。和ぐしがない場合は手でふんわりと押さえながらスプレーします。毛先は内側に丸めて衿足の結び目付近でピンでとめます。

アメピンを使った基本の夜会巻きスタイル

ねじり上げるときはあごを上げ気味にすると衿足がたるみません。毛先はくるくると丸めてトップのすき間を埋めるのに使います。通常の茶会はこのスタイルで大丈夫です。

着物／三松　帯・小物／私物　帯締め／きものやまと　モデル／永川晶子　担当／高橋亜季

base

フロントとトップを丸く残してブロッキングします。

1 フロントとトップを残して、全体をブラッシングしながら右に寄せます。首のセンターから右斜め上に向けて少しずつずらしながらアメピンをさします。

2 アメピンを軸にして毛束をねじり上げます。

3 上からアメピンをさします。ねじった側面を少量挟むように垂直にさし、横に倒してから右側に向けてアメピンをさし込みます。毛先はくるくると丸めてアメピンでとめます。

4 トップの毛束を少量ずつ取り、それぞれ内側にコームを当てて根元にかけてとかし、逆毛を立てます。

5 トップの毛先も、くるくると丸めてすき間を埋めるようにしながらピンでとめます。

世代別 **浴衣を着る日**の セルフアレンジ

20代

くるりんぱ＋ツイストで作る
ニュアンススタイル

浴衣・帯／きものやまと　髪飾り／京都 おはりばこ
モデル／フィリッピーニ キアラ 麗　担当／宮本菜見子

20代 毛束を引き出す**ルーズおだんご**

浴衣・帯／きものやまと　髪飾り／百日草　モデル／フィリッピーニ キアラ 麗　担当／宮本菜見子

1 トップを丸く取り、くるりんぱしてから毛束をところどころ引き出します。

2 サイドの毛束をバックに向けてツイストにします。毛先は結びます。

3 左右のサイドをツイストしたら、片側の毛先をアメピンでとめて隠し、もう片方は逆サイドにからませて毛先を隠します。

1 全体をハイトップでポニーテールにしたら、結び目をしっかりと押さえながら毛束を引き出して、ボリュームを出します。

2 ポニーテールの毛束を2つに分けて、片側を根元に巻き付けて、毛先をはずしてアメピンで固定します。

4 バックの毛束はきつめにツイストし、毛先を結びます。シニヨンにまとめて毛先は隠します。

3 逆側は反対側から根元に巻き付けて、同様に毛先をはずしてアメピンで固定します。

4 ところどころ毛束を引き出してボリュームを出し、形を整えます。

気軽な日のセルフアレンジ

30・40代 ツインテールを交差させた シニヨンスタイル

浴衣・帯／きものやまと　髪飾り／百日草　モデル／福元清香　担当／高橋亜季

1 前髪を残して、分け目が見えないように全体を斜めにブロッキングします。

2 ふんわりとツイストして、ところどころ毛束を引き出して、ボリュームを出します。

3 ツイストした毛先は、丸めてゴムでとめておきます。こうすることで毛先の処理が簡単になります。

4 右側のツイストを左に寄せて、丸めて毛先の輪にアメピンをさしてとめます。
※わかりやすいように左側のツイストは上に上げています

5 左側のツイストも右側の耳後ろまで運び、毛先の輪にアメピンを挟んでさします。

3 ところどころピンをさして形を整えます。

30・40代 毛束を広げるだけで本格的なまげスタイルに

浴衣/きものやまと 帯/私物 髪飾り/かづら清老舗 モデル/福元清香 担当/高橋亜季

1 毛先を残してバックを結んだら、指で毛束を広げてまげを作ります。左右をアメピンでとめます。

2 フロントの毛束は軽くねじりながら、まげの上に沿わせて毛先をアメピンでとめます。

3 まげを作った残りの毛先は、まげに下からからめてピンでとめます。

4 トップの毛束を少量ずつ分け取り、それぞれ内側の根元に逆毛を立てます。

5 ブラシの先端を使ってやさしく表面をなでつけて、逆毛をつぶさないよう毛流れを整えます。

6 2本足かんざしを軸にし、トップの毛束を折り上げて毛流れを作ったら、まげに沿わせて毛先をピンで固定します。

気軽な日のセルフアレンジ 107

50代 すき毛を使った**上級者向けシニヨン**

浴衣・帯／きものやまと 髪飾り／かづら清老舗 モデル／光田 愛 担当／鈴木富美子

1 トップとフロント、サイドを残してバックを中央でポニーテールにします。

2 ポニーテールですき毛を巻き込み、根元まで巻き込んだら指で毛束を広げ、左右をアメピンでとめます。

3 トップの毛束は2つに分けて、それぞれ指で押さえて毛流れを作りながらまげに沿わせてピンでとめ、毛先は隠します。

4 サイドの毛束はまげに沿わせ、まげの下で毛先をピンでとめます。

5 前髪はバックへ運んで、毛流れに沿ってアメピンではなくオニピンをさします。

気軽な日のセルフアレンジ

50代 毛束を組み合わせて とめるだけ

ゆかた・帯・三分紐／きものやまと　髪飾り／FUCA　モデル／光田 愛　担当／鈴木富美子

1　全体を縦に3つにブロッキングします。それぞれ位置を変えてポニーテールにします。

2　オーバーセクションの毛束を、アンダーセクションの結び目にくぐらせます。毛先をはずしてアメピンでとめます。

3　ミドルセクションとアンダーセクションの毛束は、ゆるめのツイストにします。

4　ツイストした毛束を上に上げて、毛先をはずしてアメピンでとめます。

5　毛先をちらしながら形を作ります。

気軽な日のセルフアレンジ

【撮影協力店リスト】

◆かづら清老舗
京都市東山区四条通祇園町北側285
☎075（561）0672
https://www.kazurasei.co.jp

◆きものワールド
鳥取県岩美郡岩美町浦富1728
☎0857（72）2221
https://www.rakuten.co.jp/kimono-world/

◆京都 おはりばこ
京都市北区紫野下門前町25
☎075（495）0119
http://www.oharibako.com
（オンラインショップ）
https://www.rakuten.ne.jp/gold/oharibako/

◆ハイリッチ株式会社
東京都台東区浅草橋1-7-2 岩崎ビル2F
☎03（5823）4791
http://www.omoshiro-goods.com

◆箔一
石川県金沢市森戸2-1-1
☎076（240）8911
（オンラインショップ）https://hakuichi.jp

◆株式会社百日草
東京都豊島区巣鴨1-34-7
☎03（3941）8151

◆コレットマルーフ
☎03（3499）0077
https://www.colettemalouf.jp/

◆ふりふ（渋谷マルイ店）
☎03（4521）0515
https://furifu.com

◆プリュイ トウキョウ（プリュイ）
☎03（6450）5777
https://pluie.co.jp

◆MarMu
東京都渋谷区広尾2-9-35 広尾ラ・カリテN1
☎03（6326）4407　https://www.marmu.jp

◆豆千代モダン
東京都新宿区新宿3-1-26
新宿マルイ アネックス6F
☎03（6380）5765
http://www.mamechiyo.jp

◆三松
☎0120（033）330
https://www.mimatsu-kimono.jp

◆モダン着物小物 梅屋
東京都世田谷区玉川3-28-2
ハイツリバーサイド101
☎03（6411）7713
https://umeyakimono.com

◆株式会社やまと（きものやまと）
☎0120（188）880
http://www.kimono-yamato.co.jp

◆和風館ICHI（京都丸紅）
東京都渋谷区神宮前6-23-6浅井ビル1・2F
☎03（3409）8001
https://www.wafukan-ichi.jp

【staff】
カバー・本文デザイン＝山口美登利、宮巻 麗（山口デザイン事務所）
撮影＝岡田ナツ子（Studio Mug）
ヘア＝鈴木富美子、高橋亜季、宮本菜見子（EMBELLIR）
メイク＝宮寺真悠（EMBELLIR）
撮影協力＝渡会佳奈（RUALA）
スタイリング・着付け＝吉田アヤ
校正＝株式会社円水社
構成・編集＝富士本多美
　　　　　　富岡啓子（世界文化社）

EMBELLIR
代表、高橋亜季、鈴木富美子。緑あふれる大人のためのプライベートサロンとして2014年、表参道にオープン。和装、洋装ともに得意とし、和装においては着付けもオーダーできる。サロンスタッフ全員が毛髪診断士の資格を持ち、ひとりひとりのライフスタイル、髪の状態に合ったヘアスタイルを提案してくれる。オリジナルブランドFUCAでは水牛の角を使った各種アクセサリーを取り扱う。

東京都渋谷区神宮前4-2-22
アビターレ2F
☎03（6447）4263
https://www.embellir.jp.net

礼装から気軽なお出かけ、お稽古まで
おしゃれな着物の髪型カタログ

発行日　　2019年3月30日　初版第1刷発行

監修　　　鈴木富美子
発行者　　笠原 久
発行　　　株式会社世界文化社
　　　　　〒102-8187
　　　　　東京都千代田区九段北4-2-29
　　　　　電話03（3262）5124（編集部）
　　　　　電話03（3262）5115（販売部）
印刷・製本　株式会社リーブルテック
DTP制作　株式会社明昌堂

©Sekaibunka-sha,2019. Printed in Japan
ISBN 978-4-418-19403-2

無断転載・複写を禁じます。定価はカバーに表示してあります。
落丁・乱丁のある場合はお取り替えいたします。